scarification

scarification

TEXT & IMAGE BY JEAN-MICHEL CLAJOT

TEXTE SAÏ SOTIMA TCHANTIPO

TRANSLATED BY CHRISTOPHE BOURNE

HUSSON

scarification

TEXTE & IMAGE DE JEAN-MICHEL CLAJOT
TEXTE SAÏ SOTIMA TCHANTIPO

TRADUCTION DE CHRISTOPHE BOURNE

HUSSON

Moumouni is a security guard in Parakou, in central Benin.
I meet him by chance in April 2005, on his way to work. Three long diagonal scars run across either
side of his head, from the top of his skull to his chin. I had never seen this «signature» before,
so I decide to stop him on the road to ask him some questions.
I explain to Moumouni that I am a photographer and that I am doing an assignment on scarification in
his country. This is my third visit to Benin: during each visit I travelled through the villages in the North
and in the South, looking for scarified faces and bodies.
I am helped in my quest by my friend Sotima, a research anthropologist living in Parakou. Sotima is
an enormous help in meeting people. He explains the origins of these rituals, he acts as my interpreter
and is a marvellous travelling companion.
Moumouni agrees to let me photograph him on the roadside. He is amused to be inside
«the little box». He displays his six long scars, carried by everyone who lives in the town of Djougou.
He draws my attention to a seventh scar, in the centre of his left cheek, called the Kpéinzé koti.
«This shows that I am descended from the princes of Djougou», this security guard explains.
In letting me photograph him, Moumouni was offering me a gift: he didn't realise it at the time,
but he would offer me another gift a few months later.

November 2006. Parakou.
I find Moumouni again. He is astonished to see me and introduces me to his family. His daughters
bear two more scars than their father and their brothers. The extra scar on each side of their faces
signifies that they are fertile and will bear children once they are married.

All the male members of the family bear the same scars as the head of the family.
All, that is, except one, the youngest boy, three-year-old Hadirou, Moumouni's son by Lamatou,
his second wife.
It is the middle of harmattan, (the cool season) which makes scarifying less painful and reduces the
risk of infection. It's also a time of the year when there is less work to do on the farms, and so it has
become the traditional time for scarification rituals.
Hadirou is due to be scarified, but Moumouni hasn't been able to find a vehicle to take him to the
scarifier in Djougou, a two-hour journey away. He is annoyed when he explains to me that he has had
to postpone this long-awaited event.
So I offer him my car. Delighted and relieved that he can finally mark his son's membership
of the clan, he invites me to join him and to take part in and photograph the ritual. During the journey,
Sotima tells me that such an invitation is very unusual.

Moumouni est gardien à Parakou, dans le centre du Bénin.

Je le rencontre, en avril 2005, par hasard, alors qu'il se rend au travail. Trois longues cicatrices obliques strient les deux côtés de son visage, du sommet du crâne jusqu'au menton. Je n'ai encore jamais vu cette « signature » et décide d'aller questionner le passant.

J'explique à Moumouni que je suis photographe et que j'effectue un reportage sur les scarifications de son pays. Ce travail m'a déjà conduit au Bénin à trois reprises. Trois voyages durant lesquels j'ai parcouru les villages du nord et du sud à la recherche de visages et de corps scarifiés.

Je suis aidé, dans cette quête, par mon ami Sotima, chercheur en anthropologie, qui vit à Parakou. Sotima facilite énormément les présentations. Il m'explique les origines de ce rituel, m'offre ses services de traducteur et tient merveilleusement son rôle de compagnon de route.

Moumouni accepte de poser, sur le bord de la route. Il trouve amusant d'être dans « la petite boite ».
Il expose ses six longues incisions, communes à tous les habitants de la ville de Djougou.
Il attire mon attention sur une septième cicatrice, au centre de la joue gauche, la Kpéinzé koti.
« Elle précise que je suis de la lignée des Princes de Djougou », m'explique le gardien.
En me laissant le photographier, il me fait un cadeau, un premier cadeau.
Il l'ignore encore, mais Moumouni m'en fera un autre quelques mois plus tard.

Novembre 2006. Parakou.

Je retrouve Moumouni qui, étonné de me revoir, me présente aux siens.
Ses filles portent deux incisions de plus que leur père et leurs frères.
Un trait supplémentaire de chaque côté du visage, promesse qu'elles enfanteront, une fois mariées.
Tous les hommes de la famille portent les mêmes scarifications que le patriarche.
Tous, sauf un. Le petit dernier; Hadirou, 3 ans, fils de Lamatou, la deuxième épouse de Moumouni.

Nous sommes en plein harmattan, une saison plus fraîche qui rend les scarifications moins douloureuses et réduit les risques d'infection.
C'est à cette période de l'année, également plus calme pour ceux qui travaillent aux champs, que se déroulent les cérémonies de Scarification.
Celle d'Hadirou doit avoir lieu maintenant, mais Moumouni n'a pas trouvé de voiture pour se rendre chez le scarificateur de Djougou, à deux heures de route.
Dépité, il m'explique qu'il doit reporter cet événement si attendu.
Je lui propose alors ma voiture. Ravi et soulagé de pouvoir enfin inscrire son dernier fils dans le clan, il nous propose de suivre et photographier la cérémonie.
En chemin, Sotima me confirmera qu'une telle invitation est un cadeau exceptionnel.

We arrive in Djougou in the evening, and the ceremony is scheduled for the following morning.
Little Hadirou has no idea of what is going to happen.

At 7:06 am,
Sotima and I arrive at Moumouni's father's house. The whole family has gathered here.
Little Hadirou is outside with his father and the scarifier, called the Warito or Wasam (« he who writes »)
in the local language.
The men shave the boy's head and take him behind one of the house's small walls.
Sotima explains that, to avoid bad luck, the ritual is often held away from prying eyes.

At 7:23 am,
Hadirou is lying naked under a sheet, held firmly by his father, the scarifier and three other male
relatives. He looks terrified. He stares at me, wondering what on earth I am doing there.
He must certainly also be wondering why five men are holding him down so firmly. He starts weeping.
His father tries to calm him, speaking calmly in his dialect, telling him that everything will be all right
and that it will be over very quickly.
The scarifier draws the iron blade from its scabbard. It looks like a flattened spoon, not much bigger
than the palm of a hand. The tip is not pointed, but rather rounded, and the two edges are razor sharp.
This means that the scarifier does not have to press hard to cut into the skin. Three neat red lines
appear on each side of the boy's face, which then becomes covered in blood.
The scarifier goes over each cut three times, to make sure the scars will be visible for life.
Then he washes the blade in a big tin which has been washed and filled with water, wipes it and
replaces it in its scabbard, ready for the next ritual.
Moumouni pays the Warito the equivalent of about one euro and fifty cents and, after a few moments
with the family, the Warito leaves.

By 7:37 am,
Hadirou has stopped crying. The ritual has exhausted him. I watch the blood seeping from the child's
wounds. To me, the ritual seems to have taken a long time, but I cannot say precisely how long,
so I look at my camera. Fourteen minutes is all it took for the scarifier to create the six diagonal
scars and the seventh scar carried by the princes of Djougou.
I am awakened from my daydreaming by the women's cries of joy. They congratulate little Hadirou,
who is still groggy, for his courage. His aunts sit him in a chair, cover him with a blanket
and wash his face. Once he has been cleaned up, he goes back to his mother.

Nous arrivons le soir à Djougou. La cérémonie aura lieu le lendemain matin.
Le petit Hadirou ignore tout de ce qui l'attend.

7h06.
Sotima et moi arrivons dans la maison du père de Moumouni. Toute la famille est réunie.
Le petit Hadirou est dehors avec son père et le scarificateur; le Warito ou Wasam, littéralement
celui qui écrit.
Ils lui rasent le crâne. L'enfant est ensuite conduit derrière un petit mur de la maison. Sotima m'explique
que pour éviter le mauvais œil, la cérémonie se fait souvent loin des regards curieux.

7h23.
Hadirou est couché, nu, sur un drap, tenu fermement par son père, le scarificateur et trois
hommes de la famille. Il a vraiment l'air paniqué.
Il me regarde et doit se demander ce que je fais là. Il se demande certainement pourquoi cinq
hommes le tiennent si fermement. Il pleure. Son père tente de le rassurer et lui dit, calmement,
dans son dialecte, que tout se passera bien et surtout très vite.
Le scarificateur sort la lame de son étui. L'outil, en fer, n'est pas plus grand qu'une main.
Il ressemble à une cuillère plate. L'extrémité n'est pas pointue, plutôt arrondie, mais les deux côtés
de la lame sont extrêmement aiguisés. Le scarificateur n'appuie d'ailleurs presque pas lorsqu'il
entame l'incision.
Trois lignes rouges naissent derrière le trait précis, puis le visage se couvre de sang.
Le scarificateur passera trois fois sur chaque entaille, s'assurant ainsi que les traits seront visibles
toute une vie. Le scarificateur lave ensuite sa lame dans une grosse boîte de conserve lavée
et remplie d'eau. Il la range ensuite dans son petit étui où elle attendra la prochaine
cérémonie. Moumouni paye le Warito, environ un euro cinquante. L'homme ne restera que quelques
minutes auprès de la famille.

7h37.
Hadirou ne pleure plus. Cette séance l'a exténué. J'observe le sang qui coule des balafres de l'enfant.
J'ai l'impression que la cérémonie a été très longue, mais je suis incapable de dire combien de temps
elle a duré.
C'est mon appareil photo qui me le dira. Quatorze minutes, c'est le temps qu'il a fallu au scarificateur
pour dessiner les six incisions obliques et le trait des princes de Djougou.
Les cris de joies des femmes me sortent de mes pensées. Le petit Hadirou, toujours groggy est félicité
pour son courage. Ses tantes l'installent sur une chaise, le couvrent d'une couverture et lui lavent
le visage. Une fois propre, il retrouve sa maman.

Lamatou holds him close to her and congratulates him too. She sprinkles his scars with a powder
made from a root with antiseptic properties, which will help them heal. Then she uses a feather
to anoint his face with palm oil.
Hadirou, Prince of Djougou, then falls asleep.

March 2007.
As promised, I have returned to see Moumouni and his extended family and to take a large formal
photo of them.
Hadirou is playing outside with his brothers. His scars have healed well and did not become infected.
He remembers me, but not as I had hoped. As soon as he catches sight of me, he runs to his mother
to hide. The yovo (white person) has come back! As I was the person standing closest to him during
the ritual, he fears that my return means he has to go through another ritual. It takes Hadirou a week
to realise that I mean him no harm and for him to allow me to pick him up.

Jean-Michel Clajot

Lamatou le serre contre elle. Et le félicite à son tour. Elle couvre ses scarifications d'une poudre de racine aux vertus antibiotiques ce qui doit faciliter la cicatrisation. Puis elle enduit le visage de son fils d'huile de palme, qu'elle étale avec une plume d'oiseau. Hadirou s'endort. Prince de Djougou.

Mars 2007.
Comme promis, je retrouve Moumouni et les siens pour la grande photo de famille.
Hadirou joue dehors avec ses frères. Ses scarifications ont bien cicatrisé, il n'a subi aucune infection.
Il se souvient de moi, mais pas comme je l'espérais. A ma vue, il s'enfuit et va trouver refuge près de sa maman. Le Yovo (le blanc) est revenu !
Celui qui était si près de lui pendant la cérémonie. Persuadé qu'une autre scarification l'attend. Il me faudra attendre une semaine pour qu'Hadirou saute enfin dans mes bras.

Jean-Michel Clajot

«Scarifications can be read like books»
says Terri Toré, a miller from Natitingou, who was scarified when he was 15 years old.
The principal reason for scarification is tribal. It tells us about the person who bears the scars, such as which tribe they belong to and the region they come from, as long as we know how to «read» them. Driven by inter-tribal conflicts, the tribal dimension of these scars became widespread in Benin during the eighteenth century. These indelible markings enabled warriors to distinguish members of their own tribe and so avoid killing them. As they didn't wear uniforms or hats, the scars were the only way of telling friends from enemies. The scarifications also enabled them to sort corpses after a battle, so as to give members of their tribe the correct traditional funeral rites.
The scarifications also helped some tribes avoid the yoke of slavery, because the slave-traders viewed unscarred faces as a sign of good health, and so did not seize tribesmen with facial scars.
This is why people without facial scars are considered by their fellow countrymen today to be the descendants of slaves, immigrants or refugees.
Tribal scarification is usually done before a child reaches adolescence, and children generally have the same scarifications as their father's tribe. In north-western Benin, the Daassaba tribe's scarifications run across each cheek, from the nostrils to under the chin. Other tribes are denoted by more or fewer scarifications across the temples, the forehead or the nose.
Some types of scarification are used to distinguish those who believe in certain gods. For example, in southern Benin, followers of Ogou, the God of Iron, have large, often bloated, cross-shaped scars on several parts of their bodies.
Others scarify their bodies and those of their descendants in honour of the gods to thank them for favours. Take, for example, the Abikou children (from Abi meaning to be born and kou meaning death, giving an overall meaning of «child destined to die») of southern Benin and Nigeria. Women who have had several premature miscarriages can appeal to the gods to help them carry their child to term. Should their child be born without problems, the history of their dead siblings is forever cut into their face in the form of a small horizontal line in the middle of the left cheek. In cases where it is a witch-doctor's skill, rather than the intervention of a god, that has helped the woman to give birth, the child is scarified with the witch-doctor's tribal marks, and is called a Yoombo («purchased child»).
Many inhabitants of the town of Ouidah in southern Benin still practise the so-called «two-times-five» scarification, which consists of small pairs of vertical scars in the centre of each cheek, another between the eyes and two more on the temples.

« Les scarifications sont comme un livre dans lequel on peut lire »
Terri Toré, meunier à Natitingou, scarifié à l'âge de 15 ans
La principale vocation de la scarification est ethnique. Elle nous en dit plus sur le sujet qui les porte.
De quel clan vient-il, de quelle région ? Les scarifications répondent à ces questions, à condition
de connaître leur langage.
Poussée par les conflits tribaux, la dimension ethnique de ces cicatrices s'est vulgarisée au Bénin
durant le VXIII siècle.
Les marques indélébiles permettaient aux belligérants d'identifier les membres de leur clan, afin
de les épargner. Sans casque, sans uniforme, c'était la seule façon de différencier l'ennemi du frère.
Les scarifications permettaient également de reconnaître un membre de son groupe parmi
les victimes, afin de lui offrir des funérailles conformes à la tradition.
Les scarifications ont également permis à certains d'éviter le joug de l'esclavage.
Les balafres ne plaisaient guère aux négriers qui considéraient qu'une bonne constitution passait par
un visage sans écorchures. Celui qui aujourd'hui, arbore un corps sans trace peut donc être considéré
par ses compatriotes comme le descendant d'un esclave, d'un immigré ou d'un fugitif.
La scarification ethnique est réalisée avant l'adolescence. Généralement, les enfants portent les
scarifications du clan de leur père. Au Nord-Ouest du Bénin, chez les Daassaba, les scarifications
consistent en une balafre allant, sur chaque joue, de la base du nez au menton. D'autres lignées
se distinguent par leurs scarifications plus ou moins nombreuses des tempes, du front voire du nez.
Certains types de scarification servent également à identifier les adeptes de certaines divinités.
C'est le cas, au Sud du Bénin, chez les fidèles d'Ogou, Dieu du Fer. Ils portent de grosses cicatrices
en forme de croix, souvent boursouflées et sur plusieurs parties du corps.
Il arrive également que les hommes remercient les dieux qui leur ont accordé une faveur en faisant
scarifier leur descendance en leur honneur.
C'est le cas, au Sud du Bénin et au Nigéria pour l'enfant Abiku, (de Abi: naître et Ku: la mort, ce que
l'on peut traduire par l'enfant destiné à mourir).
Lorsqu'une femme subit plusieurs fausses couches, elle peut se tourner vers les dieux afin qu'ils
l'aident à mener sa grossesse à terme. Si un bébé voit le jour, l'histoire de sa famille, celle de ses frères
et sœurs défunts sera gravée, à jamais, sur son visage. Une petite ligne horizontale, au milieu
de la joue gauche.
Si c'est un devin et non un dieu qui aide une femme à enfanter, grâce à sa science, par exemple,
l'enfant portera les scarifications du clan du bienfaiteur. Il sera appelé Yoombo, « l'enfant acheté ».
A Ouidah, ville du Sud du Bénin, les habitants sont encore nombreux à pratiquer la scarification
dite « en 2 fois 5 » qui consiste à tracer de petites paires d'incisions verticales au centre de la joue,
une autre entre les deux yeux et deux autres sur les tempes.

Legend recounts that this scarification was first performed in 1717 by King Kpasse when threatened by a rebellion led by Ghézo and his warriors. Heavily outnumbered, Kpasse fled into a python-infested forest. The snakes did not attack the king: instead they helped him to counter-attack and force his enemies to surrender. Henceforth, all Kpasse's descendents have born the same scarifications and have held pythons to be sacred, honouring them at numerous festivals, and severely punishing anyone who kills one.

Finally, some tribes in north-western Benin and north-eastern Togo are so proud of their scarifications that they copy them onto the walls of their Tata Somba (house).

Just like the road signs we encounter when we arrive at a settlement, these interior and exterior decorations show us who the inhabitants are.

« An act of bravery »

says Martin Sakoura, a pastor from Natitingou.

Facial scarifications can be used to tell us about the family history of an individual, but the « reading » does not stop there: many men and women have scarifications on their backs, arms, bellies and shoulders which give us more personal information about them. Yon wan (from Yonka meaning fish and wan meaning bone) scarifications are sometimes found on their arms or bellies.

They are easy to spot and bear witness to the bravery of those who bear them: the more scarifications, the braver the individual. The first Yon wan scarifications are done when children are 9 or 10 years old, and the last when they are between 20 and 25 years old, when the boys are circumcised, after which the Yon wan cease.

In the Atacora district of north-western Benin, young women ask to be scarified with puuwari (from waama puuku meaning belly and warii meaning writing) when they are in love, so that all their relatives know that they intend to marry. Puuwari scarifications cover the chest and the belly with rows of small vertical and horizontal scars, and take a long time to do. Once completed, they tell the girl's mother that she is ready for marriage.

In the Bétamaribè tribe, young brides are subjected to a further ritual: before they become pregnant for the first time, they scarify their buttocks with vertical scars to ensure a lack of birth complications.

Selon la légende, elle a été réalisée pour la première fois en 1717 par le roi Kpasse qui était menacé par les guerriers de Ghézo, bien décidés à régner sur sa tribu. Pourchassé par de trop nombreux assaillants, Kpasse se réfugia dans une forêt infestée de pythons. Les serpents n'ont jamais attaqué le roi, et l'ont même aidé à se débarrasser de ses ennemis, obligés de capituler. Depuis, tous les descendants de la lignée portent ces scarifications particulières et honorent le python, à l'occasion de nombreuses fêtes données en son honneur. En tuer un est, aujourd'hui encore, sévèrement puni. Enfin, certaines ethnies, fières de leur scarification, ont pris l'habitude de les reproduire sur les murs de leur Tata Somba, leur maison. C'est très souvent le cas chez les peuples du Nord-Ouest du Bénin et du Nord-Est du Togo. A l'image de nos panneaux de signalisation à l'entrée d'une agglomération, ces décorations extérieures et intérieures, gravées sur le mur des maisons, indiquent qui en sont les habitants.

«Un acte de bravoure»
Martin Sakoura, pasteur, Natitingou.
Les scarifications du visages nous renseignent donc sur la généalogie d'un individu.
Mais la «lecture»n'est pas terminée.
Bon nombre d'hommes ou de femmes sont également scarifiés dans le dos, sur les bras, le ventre et les épaules. Des cicatrices qui nous livrent d'autres informations, plus personnelles.
Certains portent sur les bras ou le ventre, des scarifications Yon wan (de Yonka: poisson et wan: arrêtes»). Ces dessins, très faciles à identifier, témoignent de la bravoure de celui qui les porte. Plus on en a, plus on a fait preuve de courage. Les premiers Yon wan peuvent être réalisés dès l'âge de 9 ou 10 ans. Les derniers sont réalisés vers l'âge de 20 ou 25 ans, période de la circoncision qui mettra fin à la série de Yon Wan.
Dans l'Atacora, département du nord-ouest du Bénin, les jeunes filles amoureuses réclameront le puuwari (de waama puuku: le ventre et warii: écriture) afin de faire savoir à leur entourage leur intention de se marier.
Cette scarification consiste à couvrir le thorax et le ventre de rangées de petits traits verticaux et horizontaux. Une très longue intervention qui, une fois terminée, signifiera à la mère de la jeune fille qu'elle est prête pour le mariage.
Chez les Bétamaribè, les jeunes mariées subissent une cérémonie supplémentaire.
Avant sa première grossesse, la mariée fera recouvrir ses fesses d'incisions verticales, afin de s'assurer un accouchement sans difficulté.

« People don't want to scarify their children any more, so that they don't stand out from the crowd »
says Florent N'Tcha N'Dah from Natitingou.
Scarification is becoming increasingly rare in Africa. In Benin, it has almost disappeared in urban areas, due to the reaction of the French colonists who viewed it as barbarous, forbade it and even punished those who practised it.
The hygienic problems associated with scarification are obvious. Many campaigns are underway to inform villagers about the risks of infection, in particular with HIV and tetanus.
The scarifiers, who view their practice as sacred, obstinately refuse to start using disposable blades or to sterilise their knives.
The rise of other religions is also leading to the progressive disappearance of scarification.
Seen as part of animist beliefs or folklore, they were forbidden and condemned by Christianity.
Islam also banned them, as the Koran extols the integrity of the human body.
Finally, new Western styles of dress prevent scarifications from being seen clearly and thus remove their value.
The combined effect of these three factors is gradually driving out this ancient ritual, to the rage of the elders, who are powerless to stop it. For them, scarification is something to be proud of: it demonstrates a person's pride in belonging to a tribe or a family. They like the idea that this membership can be recognised both locally and abroad. Scarified expats can be recognised in a few moments by members of their tribes, anywhere in the world. Individuals continue to have children, because refusing to do so would contribute to the demise of their families. By not bearing scarifications they create the same effect of renouncing their roots and allowing themselves to be treated just like everyone else.

Saï Sotima Tchantipo

« Les gens ne veulent plus faire de scarifications aux enfants afin qu'ils puissent se confondre à tous »
Florent N'Tcha N'Dah, Natitingou.
La pratique de la scarification se fait de plus en plus rare en Afrique.
Au Bénin, les milieux urbains l'ont déjà presque totalement bannie, notamment suite à l'intervention
des colons français qui, estimant la pratique totalement barbare, l'ont interdite et même punie.
La scarification pose également d'évidents problèmes sanitaires. Les campagnes de sensibilisation
se multiplient dans les villages, sur les risques d'infection et particulièrement sur le risque
de contracter le virus du Sida ou le tétanos.
Les scarificateurs, qui donnent toujours un caractère sacré à leur art, refusent obstinément d'adopter
les « lames jetables » ou de stériliser leur matériel.
L'importation d'autres religions contribue largement à la disparition progressive des scarifications.
Assimilées à une pratique animiste voire folklorique, elles ont été décriées et interdites par
le Christianisme. L'Islam, les proscrit également; le Coran prônant l'intégrité du corps.
Enfin, l'adoption de nouvelles habitudes vestimentaires, notamment occidentales, empêche leur mise
en valeur, ce qui les rend inutiles.
L'effet conjugué de ces trois facteurs semble peu à peu avoir raison de cette pratique séculaire.
Une disparition que les plus anciens déplorent, impuissants.
Pour eux, se faire scarifier et en être fier, c'est aussi exposer sa fierté d'appartenir à un clan, à une
famille. On aime l'idée que cette fratrie soit reconnue par tous les habitants de la région, mais aussi
à l'étranger. Les expatriés scarifiés seront reconnus en quelques secondes par les leurs, partout
dans le monde.
Chaque individu se refuse d'endosser la responsabilité de la disparition de sa famille, en ne faisant
pas d'enfants.
Ne pas porter de scarification revient au même. Ce serait renier sa souche et accepter d'être traité
différemment des autres.

Saï Sotima Tchantipo

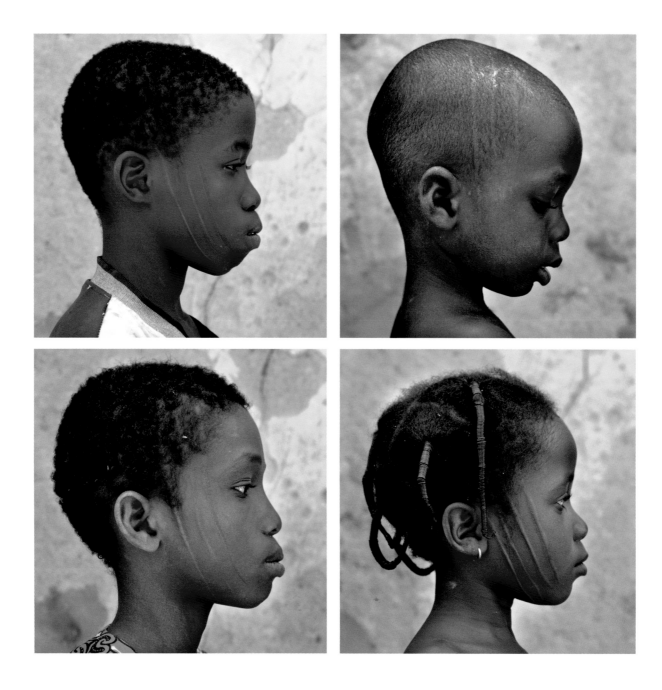

28

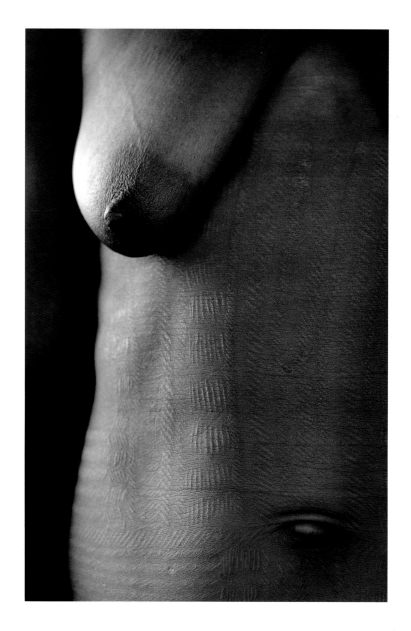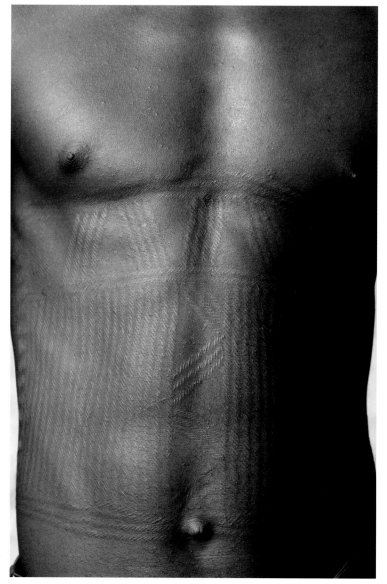

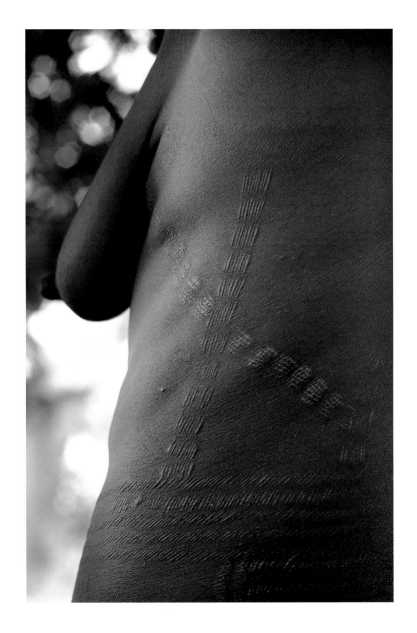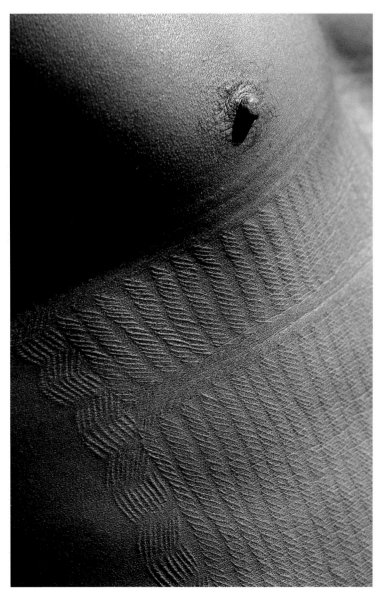

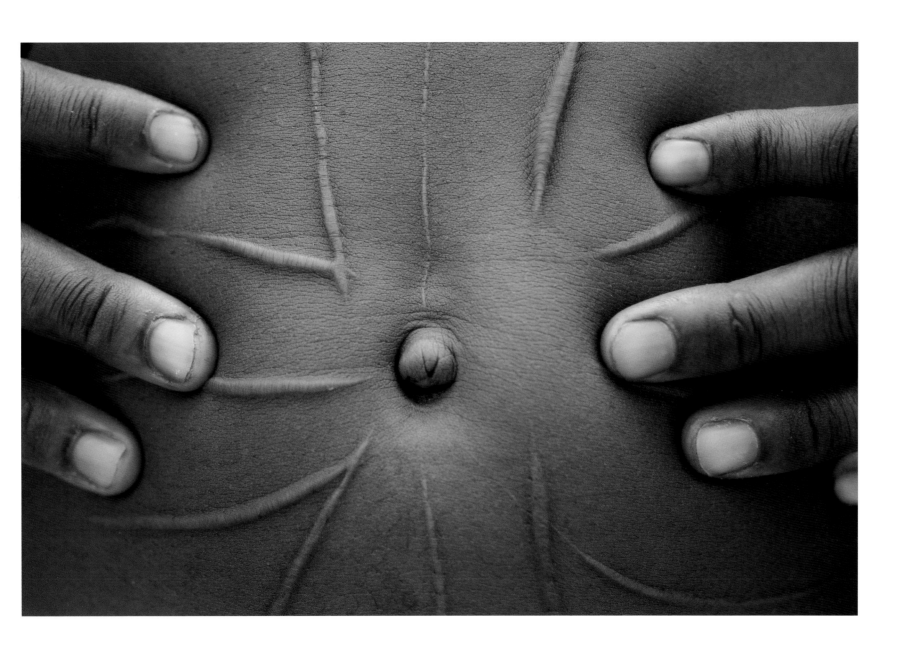

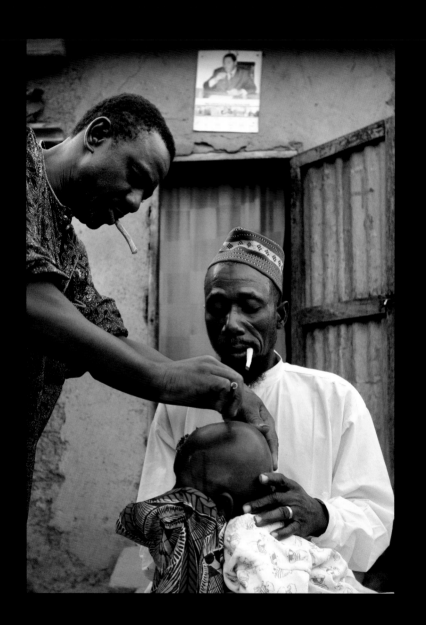

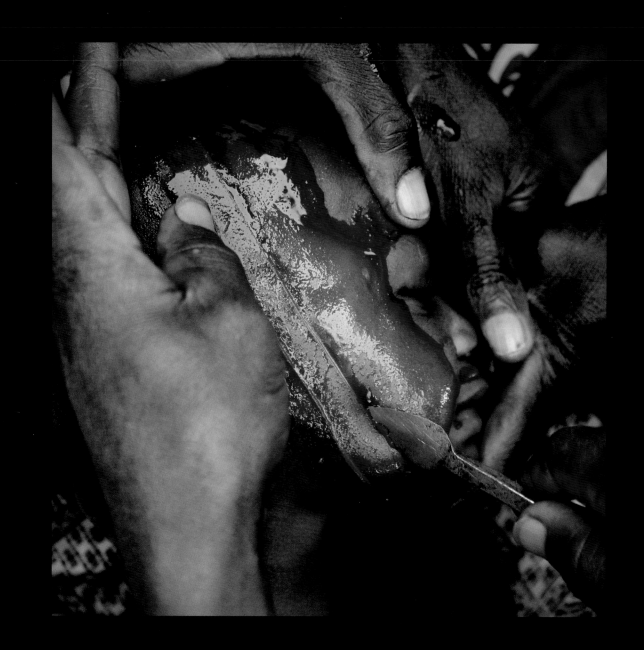

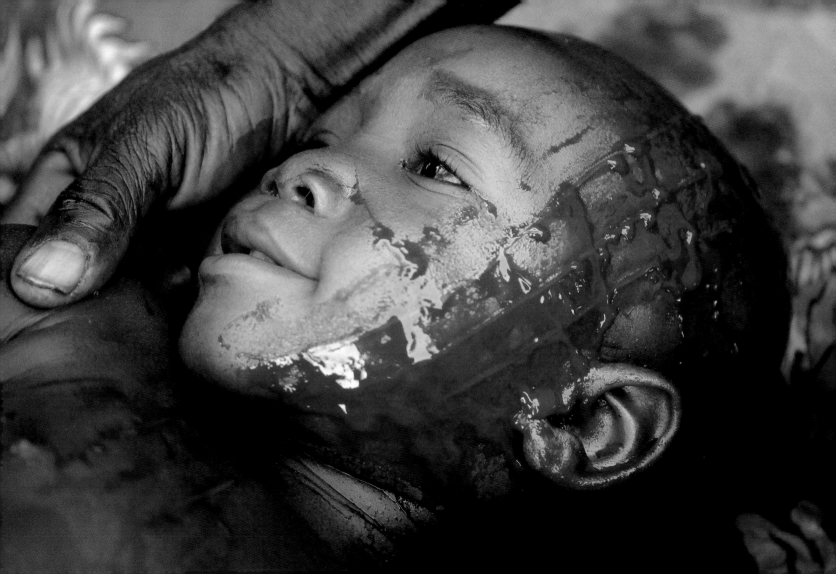

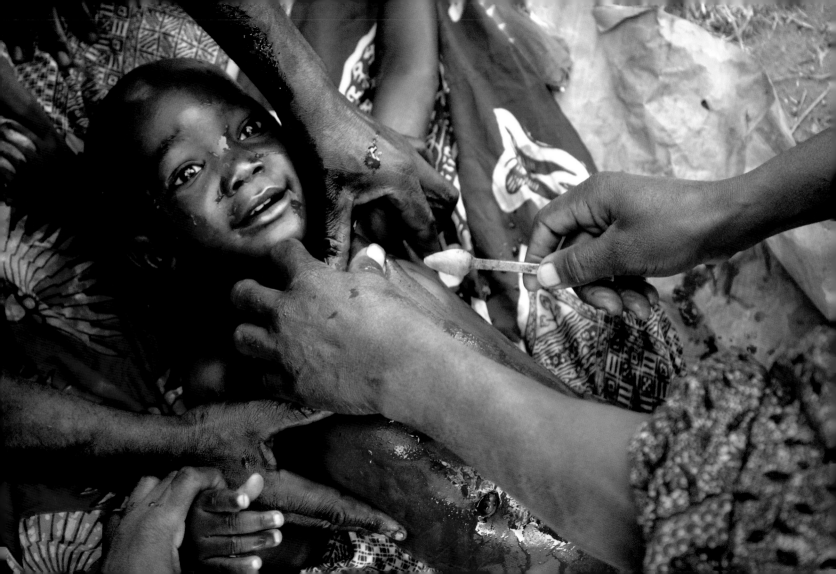

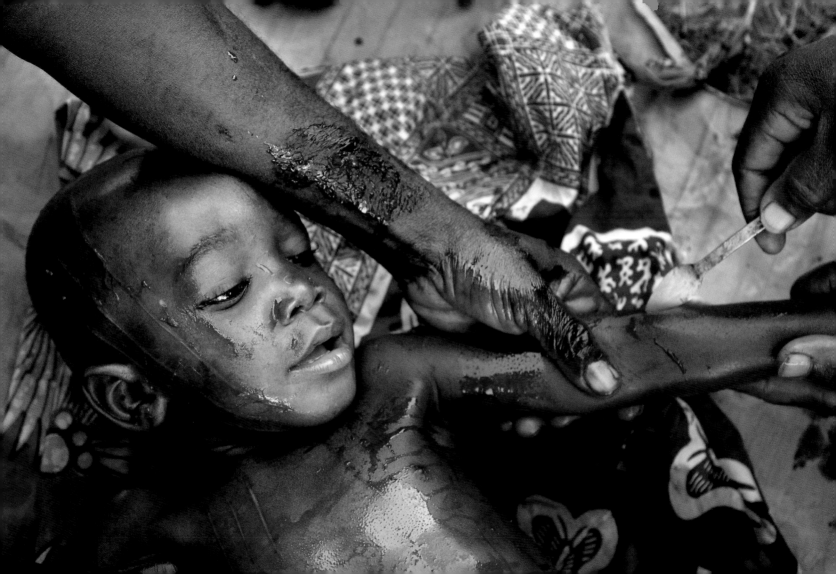

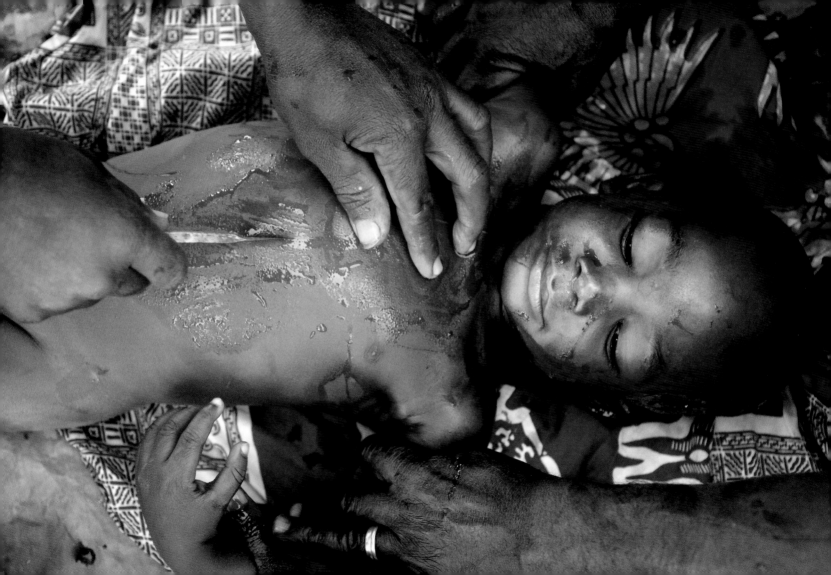

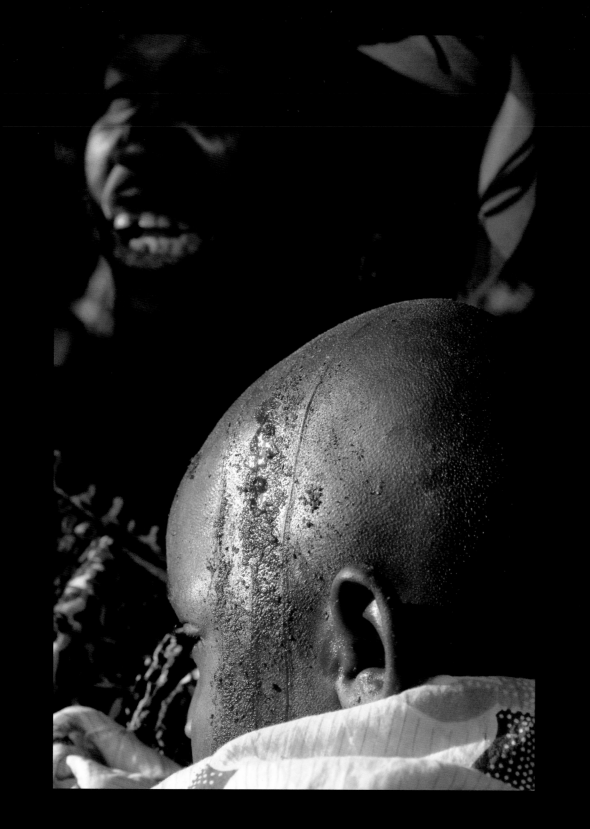

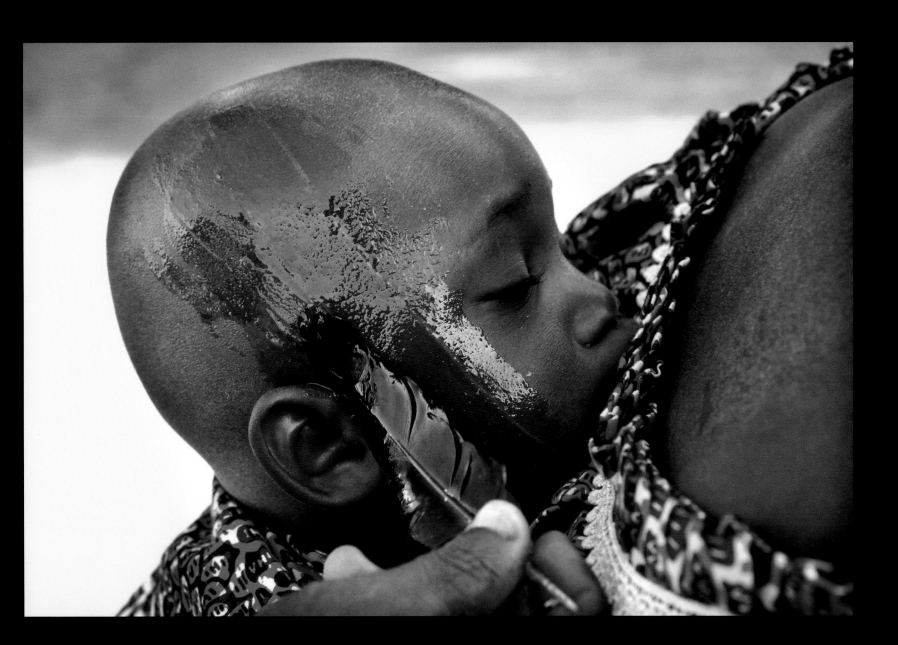

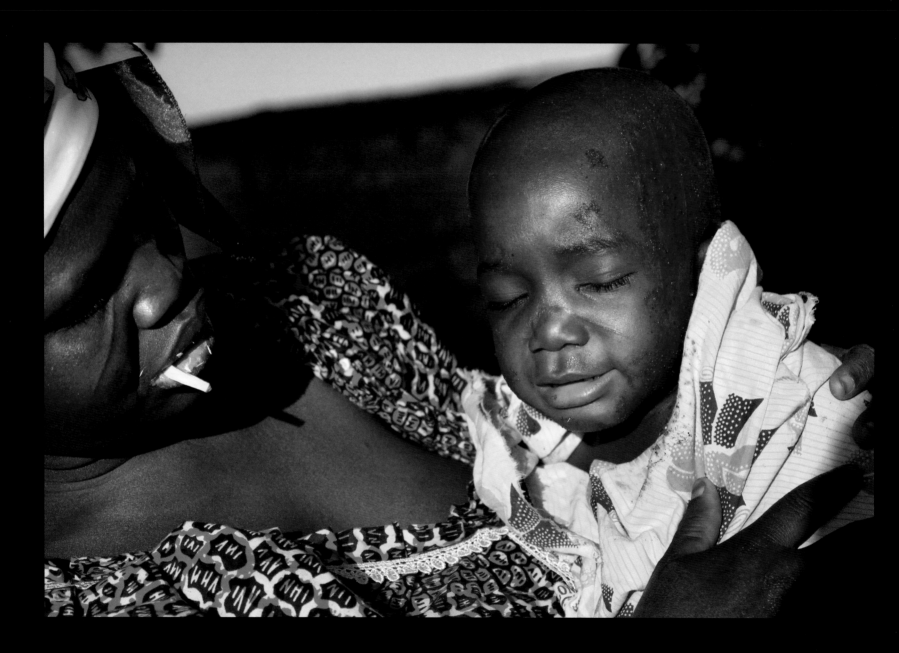

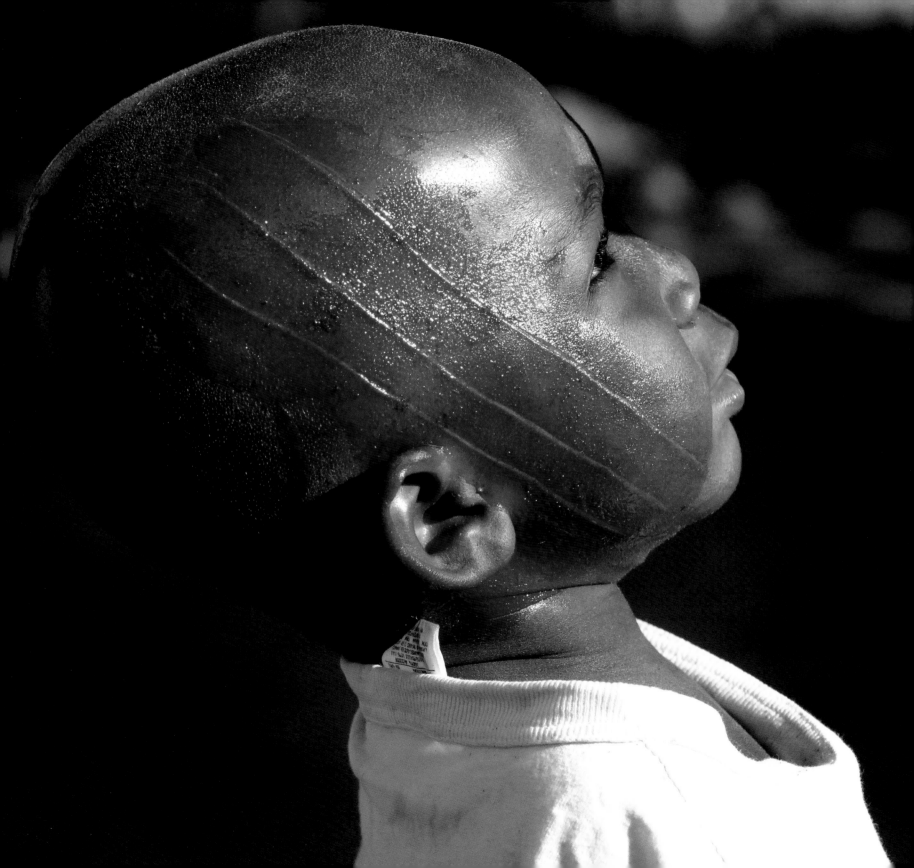

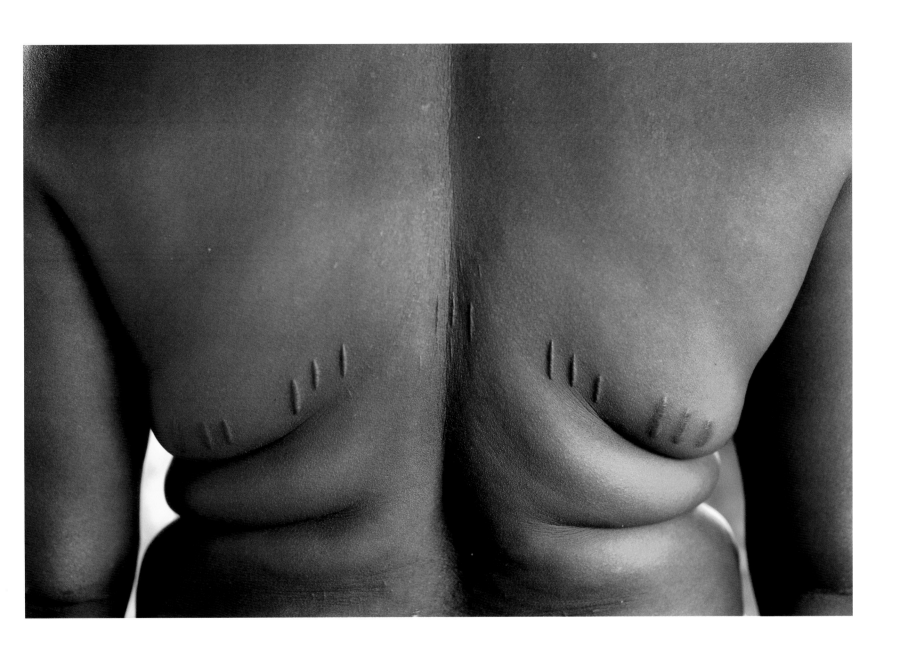

82

MERCI À NIKON POUR SON SOUTIEN

Remerciements

Toute ma gratitude va d'abord à mes amis Béninois.
Sans vous, ce livre n'aurait jamais vu le jour.

A Sotima qui a cru tout de suite en ce projet, l'a défendu dans les villages,
m'a aidé à comprendre la culture de son pays et a rédigé ce livre.

Thomas, qui m'a ouvert les portes de son village, Natitingou, ainsi que la route
des Tatas à Koussantikou.

Mes remerciements vont également à Moumouni Abounkou Boni qui nous a permis
d'assister à la scarification de son dernier fils.

D'autres nous ont apporté une aide précieuse, tout au long du chemin:
Assani Massitourou, jeune socio-anthropologue; le Révérend Pasteur Martin Salkoura;
le vieux Terry Toré, le scarificateur de Sontchirantikou; le vieux Okassè, son ami le
Professeur Valère Kassa, Justin Kassa Mêtiki, et le vieux Boussou Gari, conservateur,
à la retraite, du Musée de Plein Air de Parakou.

Je tiens également à remercier le Lieutenant Colonel Daniel Doumont et sa femme,
Hélène, ainsi que le Commandant Laurent Collin et sa femme, Annick pour leur
soutien, leur amitié et leur hospitalité.

Merci à Yves Dethier et Eric Herchaft pour leur sens critique et l'édition des photos.
Merci également à Christina Stafford et Marc Pasteger.

Merci à la Communauté française de Belgique.

Enfin, je remercie Sylvie Degrelle, ma femme, qui m'a soutenu quotidiennement
dans ce projet.

Ti téé da kan ta pa tori

Cet ouvrage est édité par Husson.

Photographies de Jean-Michel Clajot - web: www.jmclajot.net
Textes de Jean-Michel Clajot & Saï Sotima Tchantipo
Traduction de Christophe Bourne

La conception et la réalisation sont de Véro Rappez / UrbanGraphic

HUSSON éditeur
103, Avenue Besme - 1190 Bruxelles
Tél. / Fax: +32(0)2 344 87 82
michel.husson@skynet.be
www.husson-editeur.be

© 2008 Husson pour l'édition
© 2008 Photographies de Jean-Michel Clajot

Achevé d'imprimer en Août 2008 sur les presses de Geers Offset à Gand

Dépôt légal: Bibliothèque royale de Belgique 3ème trimestre 2008 D-2008-9927-40

ISBN 978-2-916249-41-4